AF349423

Técnicas de mejora continua en el transporte

Lander Tolosa

MARGE BOOKS

Índice

El autor 5

Introducción 9

Capítulo 1
Conceptos generales 11

Capítulo 2
Definir 15
1 Mapa de procesos 15
2 Flujos 17
3 Roles y responsabilidades 20
4 Análisis de riesgos 23

Capítulo 3
Medir 27
1 Tiempo de espera o *lead time* 27
2 Tiempo de proceso o *takt time* 30
3 Muestreo de trabajo o *work sampling* 32
4 Periodo de proceso y espera y flujos transversales . . . 35
5 Incidencias y mejoras 40
6 Satisfacción y cierre 43

Capítulo 4

Analizar 47

1   Las tendencias 47

2   Los despilfarros 49

3   Valor añadido. 52

4   Diagrama de Ishikawa. 53

5   Principio de Pareto 56

6   Campana de Gauss 58

7   Teoría de las restricciones y cuellos de botella 59

Capítulo 5

Mejorar 65

1   *Poka-yoke*. 65

2   Las 5 S 68

3   Controles visuales 73

4   Estandarización y procedimientos 75

5   Capacitación y formación. 76

6   Gestión de los recursos humanos basada
    en el modelo de competencias. 78

Capítulo 6

Controlar 83

1   Indicadores clave del rendimiento o KPI 83

2   Cuadro de mando integral 86

3   Acuerdo de nivel de servicio *(service level agreement* o SLA) 90

Capítulo 7

Conclusión 95

Glosario. 97

El autor

Lander Tolosa (Tolosa, 1978) posee una formación como técnico superior en Sistemas de Telecomunicación e informáticos, Transportes, Tratamiento de Mercancías y Almacenes, y Dirección y Gestión de Proyectos. En el ámbito marítimo curso el Programa Superior de Gestión y explotación de puertos e infraestructuras portuarias. Ocupa desde el año 2010 la dirección de proyectos y servicios de *software* para la gestión logística y de transporte Transkal en ADUR Software Productions, S.Coop, donde ocupa un puesto en el consejo de administración y el equipo de dirección. Anteriormente, sumó una experiencia de más de diez años en el sector industrial, asumiendo puestos de dirección de organización y sistemas de información en empresas dedicadas a la fabricación de bienes de equipo. Actualmente, compagina el trabajo con las labores docentes en colaboración con diferentes entidades, como la Universidad de Mondragón.

Adicionalmente, participa en programas formativos en el área de la logística integral, tramitación de documentación exterior, auditoría en sistemas ISO 9000 y técnicas de mejora continua Lean.

 @ADUR_Lander

Técnicas de mejora continua en el transporte

Introducción

La implementación de procesos de mejora continua en entornos administrativos es una práctica ampliamente extendida en los sectores industriales. Sin embargo, en la gestión del transporte y la logística, esta práctica no está generalmente incluida en las directrices de las empresas proveedoras de dichos servicios.

Disponer de un sistema de mejora continua exige y asegura ante los clientes que se cumplen las siguientes características:

- Existe un proceso de trabajo documentado, conocido por las partes que actúan en él, y es de aplicación homogénea por todas las personas y los equipos.
- Hay un sistema de medición que evalúa los resultados y los compara con los esperados. Son los denominados indicadores de gestión.
- El personal implicado participa en todas las fases.

Este libro tiene como finalidad mostrar las principales técnicas y herramientas en la gestión de la mejora continua, y hacerlo desde el prisma de la empresa que presta servicios de transporte y logística. Como punto de partida, se entiende que las empresas que desean abordar un proceso de mejora continua tienen, en mayor o menor medida, las siguientes cualidades:

- Voluntad de cambio y ambición de mejora.
- Personal involucrado y motivado hacia la mejora.
- Recursos técnicos y humanos para la fase de medición y análisis.
- Capacidad técnica y operativa para emprender los cambios.

Hay que hacer énfasis en que un proceso de mejora no implica evaluar a las personas, sino los procesos. Es importante transmitir esta premisa al personal con el fin de evitar una receptividad negativa en las operaciones de análisis y medición.

Por último, la aplicación de dichas técnicas y soluciones ha de verse como una actividad sostenible en el tiempo, y no como una solución temporal a un problema concreto.

Capítulo 1

Conceptos generales

La mejora continua se basa en una serie de principios:

- **KISS** *(keep it simple and stupid).* Simplificar y buscar la solución más evidente u obvia.
- **GIGO** *(garbage in, garbage out).* Literalmente: si entra basura, hay que sacarla. Quiere decir que es necesario eliminar todo aquello desechable.
- ***Trust, but verify.*** Verificar que el sistema funciona aunque se confíe en él.
- ***If you can't measure it, you can't manage it.*** Literalmente: si no lo puedes medir, no lo puedes gestionar. Es decir, hay que tener siempre un registro de los datos para poder compararlos y tener control sobre ellos.

La mejora continua se aplica de manera gradual y ordenada a través de **eventos o procesos de mejora,** de modo que se involucre a todas las personas en la empresa y se busquen las soluciones óptimas a aquellos procesos que no funcionan.

Estos procesos de mejora se llevan a cabo, generalmente, cuando se dan algunas de las situaciones siguientes:

*Figura 1.1. Todas las personas de la empresa deben involucrarse
en los procesos de mejora.*

- Existe un problema de calidad.
- Se quiere mejorar la distribución de las áreas de actividad.
- Es necesario reducir el tiempo de preparación de las áreas de actividad y de los equipos.
- Se necesita disminuir el tiempo de respuesta de los clientes.
- Se desea reducir los gastos de operación.
- Es preciso mejorar el orden y la limpieza.
- Se ha de reducir la variabilidad de una característica de calidad.
- Es necesario hacer eficiente el uso de los equipos.

Para la implementación de los procesos de mejora continua existen numerosas **metodologías** aplicables, entre otras:

- Lean Manufacturing.
- Six Sigma.
- Kaizen.
- SCOR.

En este libro se consideran diversas de las técnicas presentes en las diferentes metodologías, aunque se centra en las fases **DMAIC** (por sus siglas en inglés), utilizadas en el método *Six Sigma* (véase la figura 1.2). Estas fases son las siguientes:

- **Definir** *(Define)*.
- **Medir** *(Measure)*.
- **Analizar** *(Analyze)*.
- **Mejorar** *(Improve)*.
- **Controlar** *(Control)*.

A continuación, se analizan las diferentes fases DMAIC y diversas herramientas que permiten la implementación de los procesos de mejora continua.

Figura 1.2. Fases DMAIC, utilizadas en la metodología Six Sigma.

Capítulo 2

Definir

En esta primera fase se debe definir el estado actual de los procesos de la empresa o de aquellos sobre los que se quiere actuar en concreto. Para ello, se debe:

- **Exponer** la documentación de los procesos actuales.
- **Identificar** los flujos de información.
- **Establecer** las responsabilidades y el rol que ha de desempeñar cada participante.

A continuación, se exponen los procesos que se deberían tener en cuenta en esta fase. El **manual de procesos** en la empresa, si existe, es un buen punto de partida. Si no existe, esta fase supondrá un ejercicio de reflexión y recopilación de gran interés.

1   Mapa de procesos

El **mapa de procesos** presenta una visión general del sistema organizacional de la empresa, ya que se muestran los procesos que lo componen, los subprocesos, si los hay, y las interrelaciones entre ellos.

Los procesos podrán clasificarse, según su importancia, como **troncales** u operativos, **auxiliares** o de apoyo, y **generales.** Como ejemplo, la figura 2.1 muestra un mapa de procesos para una empresa de transporte.

Figura 2.1. Ejemplo de mapa de procesos para una empresa de transporte.

Cada vez existe una mayor diversificación de los servicios prestados, y eso aumenta la complejidad de los mapas de procesos, sobre todo en el bloque de los procesos troncales. Esta diversificación provoca un solapamiento de funciones y procesos (en el caso de operaciones de comercio internacional, por ejemplo, entre los procesos de gestión aduanera y los operativos logísticos en un almacén aduanero).

A pesar de su complejidad, conseguir trasladar este esquema de procesos a los flujos informáticos y tratar de identificar el origen de los mismos en este esquema y su consiguiente evolución brindará a la empresa la posibilidad de analizar el impacto económico o de esfuerzo de cada uno de sus componentes. Una manera sería, por ejemplo, asignando a cada expediente analítico (o a la entidad de gestión económica que la empresa emplee para controlar la rentabilidad de una operación) el identificador del proceso. Por ejemplo, si identificamos el proceso «Logística y almacenaje» del mapa de procesos anterior con el código 05, el expediente podríamos identificarlo como 05-XXXXXXXX (siendo las X un número correlativo).

Este mapa de procesos ha de actualizarse cada vez que se introducen modificaciones organizativas o se varía el porfolio de servicios que ofrece la empresa.

2   Flujos

Un **diagrama de flujo** es una representación gráfica de un proceso. Se pueden identificar en él las actividades y las interacciones entre los diferentes procesos de la empresa. Realizar un diagrama para cada proceso permite identificar los **puntos de control,** y sirve como elemento de apoyo en la comprensión de los flujos de trabajo. Cuando se realiza un diagrama de flujo, es importante determinar los siguientes aspectos:

- Nivel de **profundidad.** Es decir, si se va a profundizar, llegando hasta los subprocesos, o únicamente se tratarán los bloques principales.
- Identificar y listar los **puntos de decisión.**
- Construir el **diagrama** respetando la secuencia cronológica y asignando los símbolos correspondientes.

El análisis de los flujos permite, entre otras cosas, detectar bucles (flujos circulares) que reducen la eficiencia de los procesos de manera significativa.

En la figura 2.2 se muestra un diagrama de flujo básico de la gestión de un servicio de transporte.

En el ejemplo anterior, resulta esencial ofrecer directrices que guíen al operario para que pueda determinar cuál es el camino que se ha de seguir. Por ejemplo, ante cuestiones como:

- Qué sistema se usará para informar al operario de que la operación que ha introducido no es factible porque supera el riesgo concedido.
- Qué alternativas se pueden ofrecer (¿únicamente avisar?, ¿disponer de un sistema para un responsable valide la operación?).

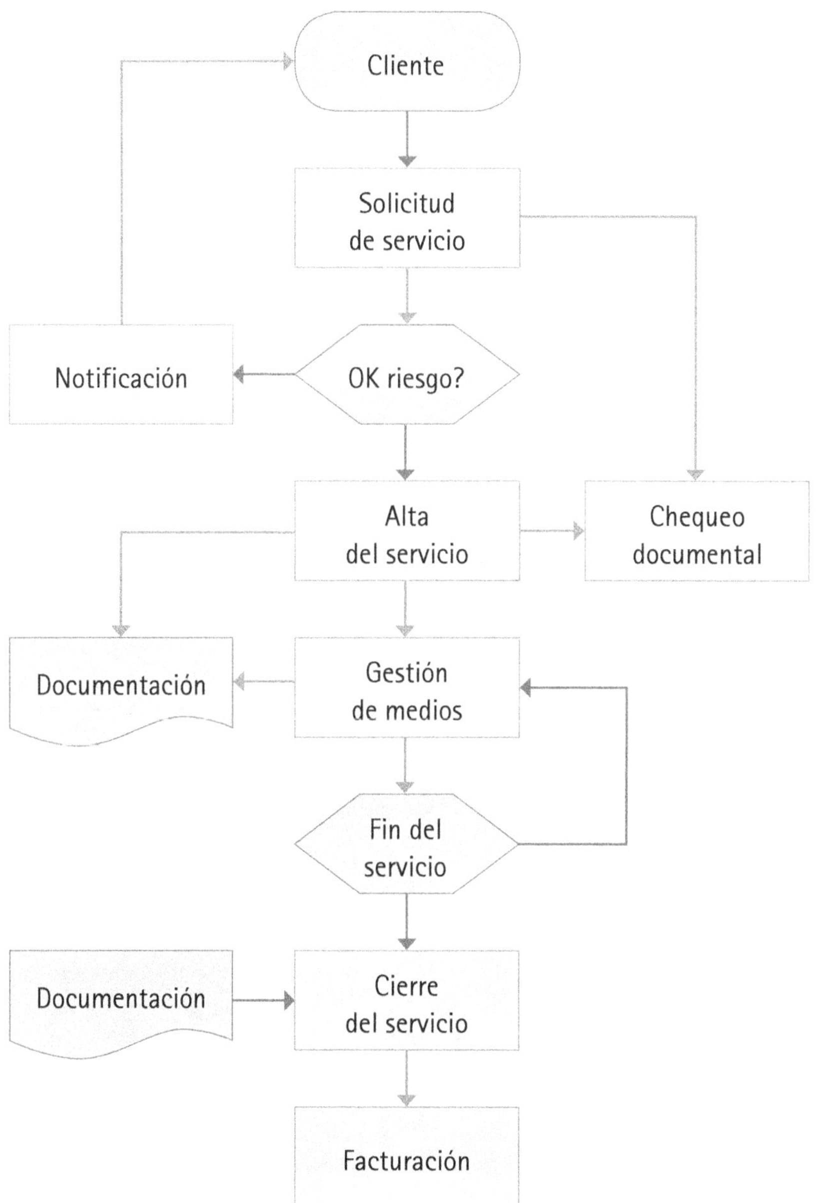

Figura 2.2. Diagrama de flujo básico en la gestión de un servicio de transporte.

En estas situaciones es de gran utilidad emplear un diagrama de flujo, ya que es donde se concentran la mayoría de los impedimentos que evitan que los procesos fluyan y se desarrollen con normalidad.

3 Roles y responsabilidades

Un rol es una clasificación mediante la cual se definen los distintos privilegios de operación de las personas o los equipos que participan en los procesos. Una vez definidos los procesos y sus flujos, hay que determinar los **roles** que interactuarán en ellos y el nivel de responsabilidad asumido por cada rol. Determinar el alcance de la responsabilidad es fundamental para

Figura 2.3. Es importante definir previamente el nivel de responsabilidad de cada trabajador.

definir los roles, que van ligados al nivel jerárquico o funcional dentro de la empresa.

En el ejemplo de la figura 2.4 se determinan dos roles para registrar una operación de tráfico de mercancías:

- **Operativo de tráfico:** persona que gestiona los expedientes de transporte, y verifica que no se superan los umbrales de riesgo financiero.

- **Responsable de tráfico:** persona que aprueba las operaciones que, por superar los umbrales de riesgo, no puedan ser validadas por el operativo de tráfico.

Todos los agentes que actúen en el proceso han de tener claros estos niveles de responsabilidad; de ese modo se evita-

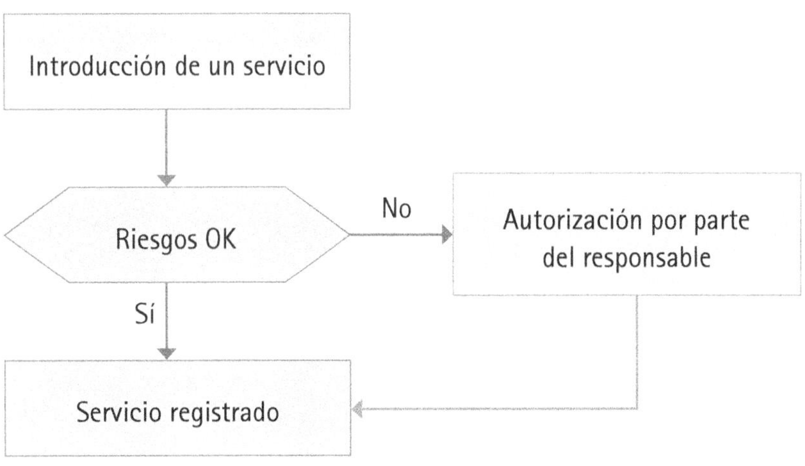

Figura 2.4. Definición de los roles.

rán solapamientos y vacíos operativos. Es recomendable integrar esta información en los diagramas de flujo.

No se debe gestionar este aspecto de manera negativa o restrictiva. No trata de limitar las funcionalidades o accesos al programa de gestión de ninguna persona, sino de poner a disposición de todos los procesos necesarios para el correcto desempeño de las funciones atribuidas, eliminando los procesos superfluos o innecesarios. Suele generarse cierta frustración cuando a algunas personas se les limita el acceso a ciertas funciones, pero del mismo modo que no se

Hay empresas que disponen de una definición de roles de usuario y privilegios. Estos pueden aplicarse para autorizar a determinadas personas a realizar unas operaciones específicas, por ejemplo:

- Dar permisos para la eliminación de asientos contables.
- Acceso a secciones y empresas.
- Filtrado de ofertas y contratos.
- Asignación de tráficos.
- Permisos de impresión.
- Restricciones y privilegios para el desbloqueo de operaciones.
- Opciones del menú (procesos).
- Validación y aprobación de fichas de terceros.

reparten zapatos de seguridad al personal que no va a pasar por las zonas que así lo exigen, no todas las personas necesitan acceso a todas la funciones del sistema de gestión corporativa (ERP).

4   Análisis de riesgos

Realizar un análisis de riesgos implica hacer una reflexión sobre las cosas que pueden suceder y que supondrían una disfunción en los flujos y procesos. Este análisis se realiza tomando como base la definición de los procesos y flujos de trabajo, y localizando aquellos puntos en los que pueden darse los problemas.

Figura 2.5. Hay que tener en cuenta qué riesgos pueden ocurrir para tomar las acciones preventivas adecuadas.

Un riesgo es un problema potencial que puede afectar a futuros acontecimientos. Por lo tanto, conviene plantearse qué riesgos podrían hacer que el proceso sufriera una disfunción. Los riesgos nos enfrentan a tomar decisiones y a elegir entre unas opciones determinadas, como ¿qué métodos y herramientas se deberían emplear?, ¿cuántas personas deberían estar implicadas?, ¿qué importancia hay que dar a la calidad?

El análisis de riesgos consiste en definir aquellos riesgos que pueden ocurrir, las acciones preventivas que se han de tomar para evitar que ocurran, y las acciones que hay que realizar en caso de que sucedan.

Para documentar correctamente los riesgos, se deberían clasificar y registrar en un documento, indicando los siguientes ítems:

- Clasificación.
- Riesgo.
- Causa.
- Consecuencias.
- Acciones preventivas que hay que tomar para evitar que suceda.
- Acciones correctoras que hay que tomar en caso de que ocurra.
- Responsables de las acciones que se hayan de realizar y de su seguimiento.

Este documento se ha de mantener vigente y actualizarlo con cada cambio que se produzca en los procesos y tras analizar las incidencias ocurridas (este tema se tratará más adelante en un apartado específico).

En el entorno logístico, existen una serie de riesgos paradigmáticos que pueden suceder, como por ejemplo:

- Riesgos operativos:

  - No cumplir con la fecha y el momento de entrega de la mercancía en su destino.
  - Dañar la mercancía por no disponer de las herramientas adecuadas de trincaje.
  - No poder asegurar la cadena de frío en la manipulación y el transporte de cargas refrigeradas o congeladas.
  - Que se dé un error documental.

- Riesgos administrativos:

  - Rechazo aduanero por falta de documentación.
  - Facturación incorrecta por la complejidad en la tarificación.
  - Que haya información errónea en los documentos.

- Riesgos en las tecnologías de la información y la comunicación:

  - Caída del sistema informático, lo que provoca que no se puedan registrar las entradas y salidas de la mercancía del almacén.

- Otros riesgos:

    - Cierres de carreteras.
    - Accidentes y averías.
    - Huelgas.

Estos factores son únicamente ejemplos, cada empresa tiene que hacer un análisis interno, reflexionar y determinar los riesgos que pueden interferir en el correcto servicio hacia sus clientes y proveedores.

Capítulo 3

Medir

El objetivo de esta fase es identificar el desempeño de los procesos actuales y su grado de eficiencia. De esa manera, además de servir como base de análisis para la siguiente fase, se pueden comparar con los resultados esperados y con los datos obtenidos tras los cambios operativos o de proceso.

1 Tiempo de espera o *lead time*

Es el tiempo medio que transcurre desde que un registro entra en el sistema hasta que finaliza su proceso. Para delimitar el alcance de esta medición, es imprescindible establecer unos puntos de inicio y final.

De ese modo, se puede **calcular el tiempo total de un proceso** y los tiempos intermedios en cada subproceso. Así se puede detectar qué fases han consumido más tiempo en el cómputo global del proceso.

Es altamente recomendable realizar el cálculo del parámetro diferenciando las diferentes actividades del porfolio de servicios, ya que los tiempos del proceso pueden estar influenciados por condiciones externas.

Por ejemplo, en el caso de que se quiera medir el tiempo de espera del proceso de gestión que realiza una empresa transitaria, se deben identificar los diferentes tipos de servicio que esta presta a su cliente:

- FCL *(full container load)* o contenedor completo de exportación.
- FCL de importación.
- LCL *(less than container load)* o contenedor con carga parcial de exportación.
- LCL de importación.

Para cada proceso de transporte internacional que gestione una empresa transitaria, existen unos factores externos

Figura 3.1. Es útil conocer el tiempo medio de espera de actividades como el tránsito de un contenedor en la terminal.

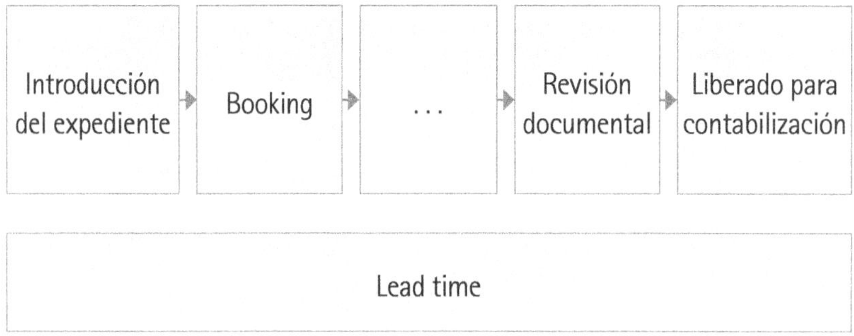

Figura 3.2. Secuencia del tiempo de espera o lead time de un proceso de gestión.

propios que influyen en los tiempos de proceso (documentación de la mercancía, despacho de aduana, etc.). Se toma como referencia inicial el momento de introducir el expediente en el sistema, y como punto final el correspondiente a la liberación del mismo para su contabilización (véase la figura 3.2).

Después de realizar el cálculo del tiempo que ocupará cada proceso, el resultado medio, del ejemplo, puede ser el siguiente:

- Tiempo de espera medio para operaciones con contenedores FCL de exportación: 28 días.
- Tiempo de espera medio del subproceso de revisión documental de la mercancía: 5 días.

El tiempo de espera no es útil únicamente en la gestión de expedientes, sino que también es conveniente para conocer el tiempo medio de actividades como:

- Los procesos de estiba o desestiba de un buque.
- La preparación de pedidos y su expedición en un operador logístico.
- El paso de un camión por la puerta con báscula en la entrada de una terminal *(gate)*.

Conocer estos tiempos permite obtener un indicador que puede ser objeto de control o monitorización, a la vez de servir de guía para medir la mejora de los procesos.

2   Tiempo de proceso o *takt time*

Es el ritmo o la cadencia a la que hay que procesar los servicios para atender a la demanda en el tiempo establecido. Todas las personas o equipos participantes en el proceso han de ir sincronizados para adaptarse a este tiempo, con la intención de reducir los tiempos de espera y las ineficiencias. Por

Solución práctica

Hay métodos para poder registrar los tiempos que cada expediente permanece en cada estado. Desde el historial de estados se puede consultar los tiempos individuales de cada expediente o nota de carga. Pueden obtenerse medias por gestión técnica, sección e incluso por usuario a través de consultas en la base de datos o utilizando el sistema de *reporting*.

 TÉCNICAS DE MEJORA CONTINUA EN EL TRANSPORTE

lo tanto, es necesario formar y capacitar a los departamentos para que puedan seguir este ritmo. La fórmula para calcular el tiempo de proceso es la siguiente:

$$Tt = Td/D.$$

- **Tt:** tiempo de proceso.
- **Td:** tiempo disponible.
- **D:** procesos que hay que realizar para satisfacer la demanda.

Veamos a continuación un ejemplo. Una empresa consignataria atiende un barco cada dos días, con una media de 250 conocimientos de embarque en cada ocasión. Tomado

Figura 3.3. El tiempo de proceso marca el ritmo al que ha de realizarse cada actividad para evitar inferencias y tiempos de espera.

como referencia que el tiempo total disponible es de 48 horas (6 horas × 2 días × 4 personas), resultaría un tiempo de proceso de un expediente cada 0,2 horas (12 minutos).

El tiempo de proceso es una especie de metrónomo de la empresa, que marca el ritmo al que cada proceso ha de realizarse. Por lo tanto, hay que dotar a los recursos humanos y técnicos de la empresa de la capacidad necesaria para cumplir con dicho ritmo.

3   Muestreo de trabajo o *work sampling*

Es una técnica estadística de medición de tiempos por muestreo aleatorio de los procesos operativos. Se basa en hacer observaciones aleatorias a los puestos de trabajo, y anotar lo que se está haciendo en cada momento. Los objetivos principales para el uso de esta técnica son:

- Calcular los esfuerzos reales en cada proceso, medidos en horas o recursos humanos y técnicos.
- Determinar las áreas de actividad susceptibles de mejora.
- Estimar los periodos de productividad e improductividad.
- Establecer tiempos estándares de cada proceso.
- Determinar el contenido y volumen de trabajo por cada recurso.

La aplicación de esta técnica en los procesos de medición proporciona ciertas ventajas como, por ejemplo, las siguientes:

- No requiere de observación continua.
- Es idóneo para actividades que no son repetitivas (como el transporte) o no son fácilmente cuantificables (como las tareas administrativas).
- Pueden hacerse muestreos de varios puestos de trabajo, por sección o por unidad de negocio.
- Esta técnica permite el control simultáneo de la productividad del trabajo en varios procesos.
- No es necesario usar analistas experimentados, puede ser realizado por cualquier persona con conocimientos básicos de las técnicas de muestreo de trabajo.
- Las mediciones pueden ser realizadas con un grado de confianza preasignado y el proceso puede ser interrumpido en cualquier momento sin afectar a los resultados finales.

Figura 3.4. Esta técnica resulta especialmente útil para medir operaciones de gestión.

La técnica se basa en realizar observaciones instantáneas *(snapshot)* en las que el observador, una vez que se ha alcanzado el punto de observación, registra lo que está pasando (sin esperar a que el recurso actúe como consecuencia de la observación). Los observadores deben realizar recorridos completos en todo el flujo de trabajo. Las mediciones se realizan sobre la base de periodos o ciclos aleatorios de tiempo de observación.

Se trata de anotar, en cada inspección, qué está haciendo el operario y registrarlo. Además, conviene simplificar el *qué* con tipos de tarea genéricas (meter el expediente, planificar medios, registrar documentos, escanear, llamar al cliente, esperar, etc.), para que resulte un análisis más sencillo.

Hay que tener en cuenta que el grado de precisión o exactitud dependerá del número de muestreos realizados. En cuanto mayor sea el muestreo, habrá una mayor exactitud. Además, los periodos o ciclos de observación se han de realizar en intervalos de tiempo aleatoriamente distintos.

Cuando se aplica esta técnica en el entorno logístico hay que diferenciar los procesos administrativos (el operario puede estar realizando tareas troncales o auxiliares en el sistema de gestión corporativa) de los procesos operativos físicos (recepción de mercancía, ubicación en el almacén, paletización, etc.). Para ambos casos las muestras podrían ser de dos tipos diferentes:

- Tareas administrativas:
  - Atención telefónica.
  - Introducción de pedidos.

- Facturación.
- Control documental.
- Revisión.
- Otras.

- Tareas operativas:
  - Chequeo.
  - En tránsito.
  - En espera.
  - Operaciones de valor agregado.
  - Carga y descarga.
  - Otras.

4   Periodo de proceso y espera y flujos transversales

En el caso de los procesos de gestión logística y del transporte, se ha de hacer el seguimiento del servicio durante su tiempo de vida, e interactuar con él o modificarlo, en los momentos que se precisan. Habitualmente, la gestión del servicio se inicia antes del comienzo del servicio en sí mismo (por ejemplo, con el registro de un *booking,* un anuncio de entrada o una previsión de transporte) y finalizan posteriormente con el proceso documental, el de facturación y el analítico, entre otros. En la figura 3.5 se observa una esquematización del proceso de gestión de un servicio.

Los espacios en blanco entre los procesos de gestión se denominan **periodo de espera.** En la gestión múltiple (cuando se

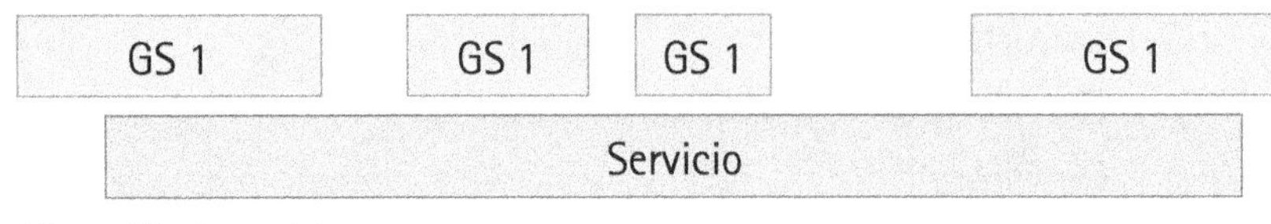

GS: gestión de servicio

Figura 3.5. Esquema del proceso de gestión de un servicio.

están tratando varios servicios simultáneos, como es habitual en las empresas logísticas y de transporte), los procesos se simultanean y se apilan creando cargas de trabajo no homogéneas en el tiempo y perdiendo eficiencia (véase la figura 3.6).

En procesos encadenados, producir todo lo que se pueda en un segmento de la cadena sin tener en cuenta la capacidad del siguiente proceso produce un incremento de los tiempos de espera. Por ejemplo, no tener un equilibrio en-

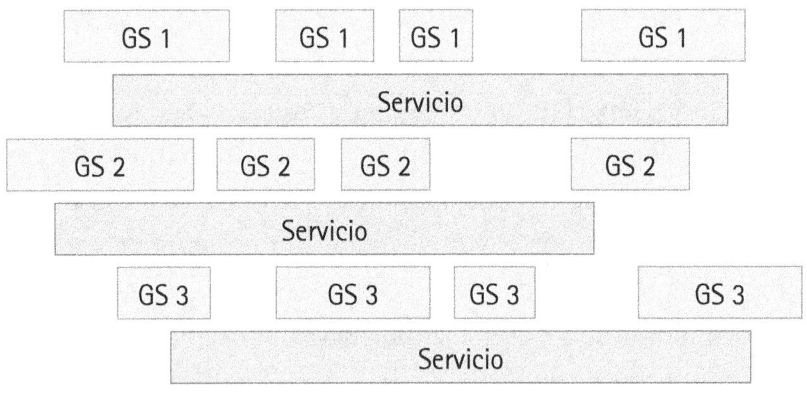

GS: gestión de servicio

Figura 3.6. Tiempos de espera en la gestión de procesos simultáneos.

 TÉCNICAS DE MEJORA CONTINUA EN EL TRANSPORTE

Figura 3.7. Si un grupo de trabajo se especializa en un proceso concreto, como las tareas de gestión, se reducen los tiempos de espera y aumenta la eficiencia del conjunto.

tre los procesos de introducción de expedientes *(customer)* y los procesos de planificación y asignación aumentará los tiempos de espera y reducirá la eficiencia del conjunto de recursos. En muchos casos, la dependencia de terceros (la necesidad de documentación que ha de enviar una empresa proveedora o cliente, los requerimientos de gestionar lotes de servicio, etc.) puede provocar el aumento de los tiempos de espera entre procesos.

Una manera de atajar estos problemas es aplicar una filosofía de **gestión transversal,** con equipos de trabajo especializados en procesos, desglosando estos en tareas funcionales que puedan ser asignadas de manera individual. Por ejemplo, dividir la gestión de un servicio en tareas:

- Confirmación del embarcador *(shipper)*.
- Reserva con el operador de transporte *(carrier)*.
- Orden de transporte.
- Factura comercial recibida.
- Despachado de aduana.
- Enviar la nota de embarque.
- Imprimir el conocimiento de embarque (B/L, original y copias).
- Informar al cliente.

Y, posteriormente, asignar la ejecución de dichas tareas a equipos especializados.

De esta manera, los puestos de trabajo se especializan y pueden gestionar lotes de trabajo reduciendo la dependencia del flujo global del servicio. Se puede adelantar el trabajo y, al realizarlo por lotes, minimizar las comunicaciones.

Para el correcto funcionamiento de este método es primordial el registro de la situación individual de cada una de las tareas. Y en caso de condicionar el cambio de estado del servicio, imposibilitarlo si no está realizado.

La gestión de los procesos por tareas homogéneas, además de mejorar la eficiencia del conjunto, permite actuar sobre un lote de tareas en una situación de colapso o de carga de trabajo. Por ejemplo, cuando se genera la facturación semanal, que es una tarea delimitada y programada, se pueden destinar más recursos a ese lote de tareas concreto.

Por otro lado, este sistema permite especializar a las personas y ajustar su perfil al conjunto de tareas. Se puede destinar a personas con un perfil de especialización «bajo» a labores de escaneo y gestión documental, reservando las labores de mayor valor agregado a personas con perfiles más altos.

Como ventaja agregada, en el caso de entornos de multi-delegación, este sistema permite la centralización de tareas, incluso geográficamente. Así, por ejemplo, se podrían trasladar todas las tareas inherentes a la facturación a las oficinas centrales de la empresa.

Algunas empresas disponen de una herramienta denominada gestor de estados y tareas (GET) que permite:

- Gestionar de manera individual y global los estados de los expedientes y asignar tareas genéricas o concretas para cada estado y tipo de servicio.
- Condicionar e impedir el paso a un nuevo estado en caso de existir tareas sin finalizar, o provocar cambios de estado en los servicios cuando todas las tareas del estado anterior están finalizadas.
- Marcar las tareas como realizadas cuando se emita un documento (por ejemplo, una notificación al remitente y al destinatario), o cuando se registre a través de la base de datos documental un fichero o archivo contra el expediente (por ejemplo, vincular la factura comercial).

5   Incidencias y mejoras

Siguiendo el precepto inicial de «si no se puede medir, no se puede gestionar», realizar una buena gestión de las incidencias brindará la oportunidad de localizar las causas más habituales de los incidentes que surgen en la gestión de los servicios, y lanzar las acciones preventivas para evitar que vuelvan a suceder (véase la figura 3.8).

Se entiende como incidencia cualquier alteración del proceso de gestión que no estaba prevista y que puede generar una disminución en la calidad del servicio. Los causantes de los incidentes pueden ser terceros o situarse en el marco de la propia empresa. Esclarecer este dato ayudará a reclamar responsabilidades (en el caso de que las haya). Es habitual

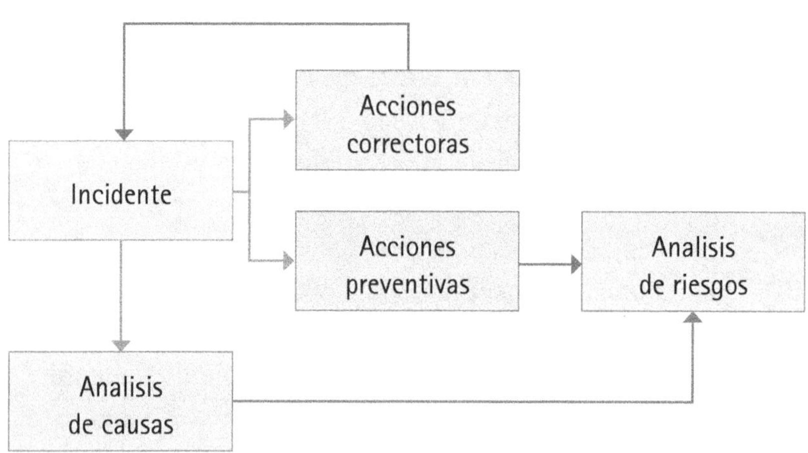

Figura 3.8. Esquema de las acciones que hay que realizar según el precepto «si no se puede medir, no se puede gestionar».

condicionar la homologación de un proveedor al cumplimiento de unos parámetros de servicio, y los incidentes pueden implicar la pérdida de dicha homologación, siempre y cuando sean achacables al proveedor.

En la gestión de incidencias es conveniente registrar, por lo menos, los siguientes datos:

- Tipología: clasificación de la incidencia.
- Estado: abierto, en curso o cerrado.
- Sujetos implicados: empresas y personas.
- Responsable de la gestión.
- Origen de la detección.
- Causa.
- Acciones correctoras tomadas.
- Acciones preventivas que hay que tomar.
- Fecha y hora de apertura y cierre.

El registro de la información de las incidencias permitirá su análisis, así como la aplicación de aquellas mejoras que se estimen convenientes.

No obstante, hay varias recomendaciones que conviene seguir para una correcta gestión de las incidencias:

- Evitar desglosar la clasificación más de lo necesario. Cuando un operario ha de abrir una incidencia tiene que tener clara la tipología y la clasificación. Utilizar un desglose demasiado minucioso puede acarrear dudas en la imputación que llevarían a cometer errores. Por ejemplo, se debería indicar como: incidencia documental, error en la documentación o documentación incompleta.

- Aquellos datos por los que se quiere explotar la información o hacer estadísticas, han de ser datos indexados o de valores fijos. Es decir, si se solicita el medio de manutención (carretilla, transpaleta, etc.) con el que se ha generado la incidencia, es preferible mostrar al operario la lista de valores posibles, en lugar de poner un campo de texto para su introducción manual.

- Facilitar la creación de la incidencia y propiciar que se pueda registrar en el momento en el que sucede, si es posible. Si se aplaza la apertura de una incidencia es posible que se pierda la capacidad de reacción, que se olvide cierta información o incluso que se cometan equivocaciones al introducirla. Existen sistemas que permiten registrar una incidencia desde el mismo proceso (ya sea administrativo u operativo), incluyendo la posibilidad de

Existen herramientas de registro y gestión de incidencias. Las incidencias pueden abrirse desde los procesos de la actividad, quedando vinculados a estos, o de manera manual para aquellos casos en los que se requiera un registro no automatizado.

registrar capturas, fotos, mediciones o cualquier otra información que la enriquezca.

- Proporcionar toda la información posible. Cuantos más detalles se puedan registrar de manera ordenada, más completos serán los procesos posteriores.

- Automatizar el proceso. Si se puede automatizar la creación de una incidencia, la mejora será exponencial. Un ejemplo de automatización sería que si el sistema detecta que la fecha de entrega de un servicio se ha excedido en un porcentaje, sea este quien genere la incidencia correspondiente. Otros ejemplos de situaciones que pueden generar una incidencia de manera desasistida son los abonos repetitivos, las remociones no planificadas, los rechazos desde aduanas, etc.

- Hacer visibles las incidencias. Para poder mejorar es necesario ser consciente de la situación. Hay numerosas herramientas para visualizar indicadores, tanto hacia dentro como hacia los clientes o proveedores, que facilitarán esta mejora.

6 Satisfacción y cierre

La evaluación de la satisfacción del cliente está considerada como un requisito en la **norma ISO 9001,** y el modelo

EFQM lo considera como el criterio de mayor peso específico. La satisfacción del cliente constituye un indicador clave a la hora de evaluar el desempeño global de una empresa y sus procesos de gestión. Las herramientas de medición de la satisfacción deben permitir recopilar y analizar información para poder identificar las oportunidades de mejora.

Lo que se pretende al medir la satisfacción de los clientes es valorar objetivamente la percepción que tienen sobre los procesos (tanto operativos como de gestión), para así mejorar aquellos que tienen mayor impacto en la satisfacción. Hay que subrayar que la medición de la satisfacción es un medio para obtener algo, no un fin en sí mismo. Realizar la medición y no actuar en consecuencia generará una percepción peor en el cliente que el no hacer la propia medición.

Por muy bien que se conozca a los clientes, y por muchos años de experiencia que se tenga en el trabajo conjunto, siempre hay que preguntar directamente y realizar las evaluaciones pertinentes. Por otro lado, hay que realizar la medición de la satisfacción teniendo en cuenta las siguientes premisas:

- Hacer preguntas planificadas y sencillas.
- Atender y anotar cualquier sugerencia.
- Ajustar el muestreo hasta el punto óptimo que no genere rechazo por parte del cliente.

Hay que tener en cuenta que las expectativas y necesidades de los clientes varían con el tiempo y pueden estar condicionadas por agentes externos (situación económica, cambios estratégicos, variabilidad del mercado, etc.), o por elementos internos (incidencias, modificaciones en los procesos, cambio de interlocutores, etc.). Por ello, la medición ha de ser continuada en el tiempo.

Hay varias técnicas para medir la satisfacción de los clientes:

- **Técnica de quejas y sugerencias**

  Muchas empresas tienen miedo a las quejas porque las entienden como una agresión, mientras que otras pueden comprender las sugerencias pero nunca llegan a asumirlas realmente. Establecer un sistema de recogida de quejas y sugerencias es un método básico para recopilar información. Las quejas son oportunidades de mejora, pensar de otra manera es como esconderse en la madriguera y cortar las vías de comunicación con el mercado. Por cada queja que llega hay muchísimas que se quedan en el camino, por ello hay que facilitar que se comuniquen. Hay que tener en cuenta que evitar que existan no tiene nada que ver con facilitar que se expresen. Se debe recopilar la información, estudiar el origen de las quejas recibidas y reflexionar sobre las posibles mejoras. Lo malo de este método es que es pasivo, es decir, no busca la información sino que la recoge. Por ello, es bueno que forme parte de una cultura organizacional que también promueva otro tipo de métodos.

- **Técnica de encuestas**

  Remitir o realizar encuestas periódicas a la base de datos de clientes puede ser útil en un gran número de casos. Hay que estudiar la naturaleza de los servicios prestados para determinar el cuestionario, evitando incitar al cliente a marcar la respuesta más positiva. Este tipo de prácticas solo resulta engañosa para la propia empresa. Con este método uno se muestra activo y preocupado por la satisfacción. Las encuestas también se pueden realizar en modo de entrevista, ya sea inmediatamente después de dar el servicio o tras el paso de un tiempo.

Existen herramientas de registro y gestión de encuestas, que ofrecen la posibilidad de definir un set de preguntas e introducir en ellas las respuestas de los clientes, para su posterior análisis.

Capítulo 4

Analizar

Una vez realizadas las mediciones, hay que proceder al análisis de los datos. Es importante subrayar que hay que buscar el punto óptimo en el número de datos que hay que medir, asumiendo la premisa básica de la gestión estadística que busca el set de datos representativos. Se debe tener en cuenta no caer en un muestreo reducido que provoque un resultado marcado por las excepciones, lo cual distorsionaría los resultados de la medición y condicionaría el análisis.

1   Las tendencias

El concepto de tendencia es absolutamente esencial en el análisis de datos, ya que muestra la variación en el tiempo. Cabe recordar que, en el ámbito de la mejora continua, la **variación temporal** es el objetivo principal de medición. Un dato único puede aportar cierta información, pero es cuando se analiza en el conjunto cuando este toma un valor de mayor calado y proyección. Como resumen, la tendencia es el patrón de comportamiento de un conjunto de datos en un periodo determinado. Por ejemplo, tomando el dato del número de incidencias por cada cien servicios en un mes concreto:

oct-25	2,54

Es un dato que en sí mismo no aporta mayor información sin compararlo con el dato histórico. Tomando el mismo ejemplo, véase la figura 4.1.

oct-25	2,54
nov-25	2,61
dic-25	2,15
ene-26	2,21
feb-26	2,05
mar-26	1,85
abr-26	1,91
may-26	1,75

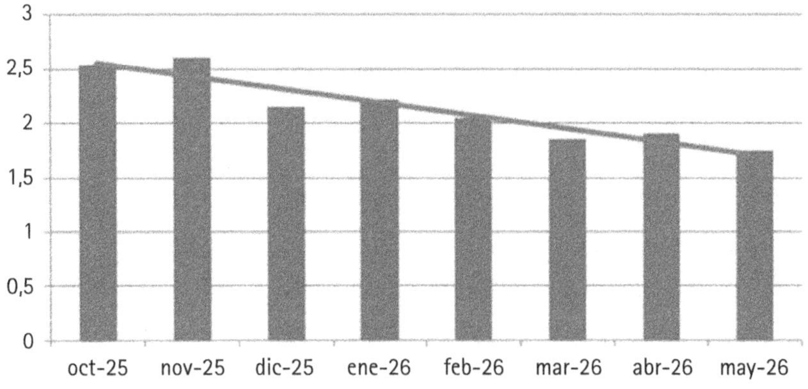

Figura 4.1. Ejemplo de análisis de tendencia.

El análisis de la tendencia puede indicar que se está mejorando el índice. La tendencia ayudará también a la propia proyección en el futuro y a estimar los resultados que se obtendrían en el futuro cercano, si no se modifican esencialmente los condicionantes del entorno.

Automatizar el análisis de las tendencias posibilita que el sistema avise o actúe de manera proactiva. Se puede tomar como ejemplo un indicador habitual en el sector de transporte terrestre por carretera: la relación entre kilómetros recorridos en vacío respecto a los kilómetros en los que el vehículo circula cargado. Este indicador proporciona la medición de eficiencia de la flota. Se puede hacer que el sistema, de manera autónoma, calcule dicho ratio y obtenga la tendencia. Si se detecta un desvío respecto a los objetivos, el propio sistema dará aviso. En este caso, conviene trabajar con tendencias, ya que los valores absolutos pueden estar condicionados por decisiones puntuales, como reubicaciones de la flota, por ejemplo.

A la hora de analizar tendencias, es recomendable adoptar series cronológicas que minimicen el impacto de la estacionalidad.

2   Los despilfarros

Son los elementos que lastran a la empresa y la hacen incapaz de competir en el mercado. Detectar y eliminar el despilfarro es necesario no solo para mejorar la velocidad y eficiencia del servicio, sino para reducir los costos y mejorar el margen de la empresa. Si la base de todo el sistema de producción o prestación de servicios es la eliminación sistemática de los despilfarros, la clave fundamental de un sistema de mejora continua será la identificación y posterior eliminación de estos despilfarros, también denominada «muda».

En la gestión **Lean** orientada a la fabricación, hay ocho tipos de despilfarros identificados, siete son propios del sistema productivo y el octavo pertenece al ámbito de los recursos humanos. Tomando estas tipologías como base, se obtienen cinco despilfarros equivalentes y aplicables en la gestión del transporte:

- **Tiempos de espera**
  Son esperas de tiempo al recibir documentación, instrucciones, inspecciones, etc., que hacen que las personas tengan que estar paradas o cambiando de tarea de manera constante.

- **Transporte o movimientos innecesarios**
  Corresponde a todos aquellos movimientos innecesarios para recopilar, archivar, enviar documentación a otros departamentos para validar, etc.

- **Inventarios o existencias**
  La alimentación de tarifas o cualquier dato informático sobre existencias que no va a ser utilizado inmediatamente o que no tiene asegurado su uso.

- **Defectos**

  Se asocia a los costos que suponen los defectos en el servicio: inspecciones, reparaciones, etc. Por ejemplo, no asignar un medio de transporte refrigerado para un servicio en el que el cliente lo ha solicitado de manera expresa.

- **Competencias mal usadas en recursos humanos**

  Se asocia con la asignación de tareas a personas que no están capacitadas para su desempeño o que tienen una capacitación muy superior a la necesaria.

La experiencia muestra que casi todo el desperdicio o despilfarro en la producción o la prestación de servicios se puede reducir de manera significativa realizando una o más de las siguientes acciones:

- Reducir el periodo entre el registro del servicio y su cierre *(lead time)*.
- Reducir los tiempos de transición entre procesos.
- Acondicionar el proceso para que sea a prueba de errores, con el fin de asegurar que el tiempo y los recursos empleados no se desperdician corrigiendo errores.
- Optimizar la capacidad del equipo y los procesos para asegurar que todo el equipo tiene la capacidad de cumplir con los requerimientos exigidos por el mercado.

3 Valor añadido

En el proceso de gestión del transporte hay que identificar las acciones que se realizan sobre los servicios e identificarlas en tres categorías:

- **Aportan valor añadido**
  Son todas aquellas acciones que aportan un valor agregado al servicio y que, por ende, ayudan a diferenciar los servicios prestados por la empresa de otros que el cliente puede encontrar en el mercado. Por ejemplo, el envío desasistido de informes con el estado del servicio a los actores implicados.

- **No aportan valor añadido, pero deben realizarse**
  Son todas las acciones que hay que realizar, sin posibilidad alguna de eliminarlas. Por ejemplo, la facturación u otras tareas administrativas.

- **No aportan valor añadido**
  A diferencia de las anteriores, son aquellas acciones de las que se puede prescindir y que hay que tratar de evitar a toda costa. Si un cliente las solicita y está dispuesto a pagar por ello, se pueden considerar en cualquiera de los dos puntos anteriores (ya sea porque aportan un valor añadido en forma de facturación, o porque el cliente lo exige y debe realizarse).

Para identificar las acciones y catalogarlas es necesario haber realizado los procesos de definición y medición anteriormente tratados. Por otro lado, esta es una herramienta muy interesante para valorar el enfoque de las prestaciones de la empresa, y reflexionar sobre cómo se pueden transformar las acciones que no aportan valor añadido en aquellas que hagan que los servicios prestados se diferencien de los de otras empresas.

Una manera muy eficaz de actuar sobre estas acciones es mediante la automatización y la programación autónoma. Algunas empresas dedican muchos recursos al envío de información y notificaciones a los clientes. Por ejemplo, es habitual que al final de la jornada se envíen resúmenes de movimientos, servicios, existencias, etc. La generación de dichas notificaciones o envíos es fácilmente automatizable mediante sistemas informáticos.

Asimismo, la implementación de algoritmos avanzados en los sistemas de gestión permite detectar situaciones en las que hay que actuar sin necesidad de estar monitorizándolas de manera activa y dedicando tiempo a dicho análisis. Por ejemplo, se puede evitar dedicar tiempo a analizar si las ubicaciones de la mercancía están ajustadas a las rotaciones de las mismas si el sistema da un aviso cuando hay que actuar.

4 Diagrama de Ishikawa

También conocido como diagrama de causa-efecto, es una forma de organizar y representar las diferentes teorías propuestas sobre las causas de un problema. Es una herramienta que se usa para organizar y mostrar gráficamente todos los conocimientos que se tienen sobre un problema. Consiste en una representación gráfica sencilla (véase la figura 4.2), en la que puede verse de manera relacional una especie de espina central (la línea en el plano horizontal), representando el problema que hay que analizar, que se escribe a su derecha. A partir de esta espina central, se abren las espinas correspondientes a los grupos de causa más habituales. En el caso de la gestión de servicios, suelen ser los siguientes:

- Personal de la empresa.
- Provisiones (suministros de proveedores).
- Procedimientos establecidos.

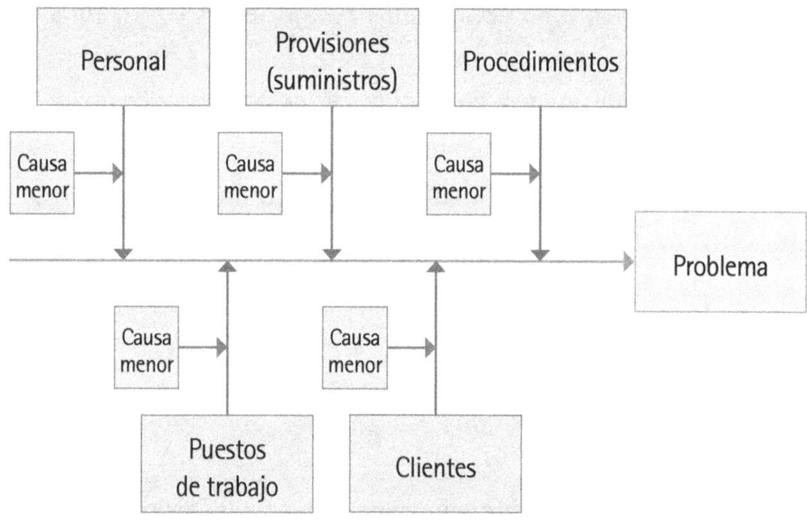

Figura 4.2. Ejemplo de diagrama de Ishikawa.

- Lugares de trabajo.
- Clientes.

Siguiendo los pasos de esta técnica, se debe proceder primero a realizar una tormenta de ideas sobre las posibles causas del problema, agrupándolos en categorías, según se ha descrito. A estas causas se pueden vincular otras causas secundarias, terciarias, etc., hasta que se puedan ver todos los elementos que han participado en la generación del problema.

Es importante comentar que los diagramas de causa-efecto presentan y organizan teorías. Solo cuando estas teorías son contrastadas con datos se pueden probar las causas reales del problema.

Figura 4.3. El diagrama de Ishikawa representa gráficamente todos los detalles de un problema y permite analizarlo.

Construir el diagrama antes de analizar globalmente los síntomas, limitar las teorías propuestas enmascarando involuntariamente la causa raíz o cometer errores en el momento de establecer las relaciones causales son fallos habituales, y supondrán una inversión importante de tiempo que no se llegará a rentabilizar ni ayudará a obtener resultado válido alguno.

5 Principio de Pareto

También conocido como regla del 80-20, ley de los pocos vitales o principio del factor de escasez, permite separar los elementos que son **pocos pero vitales** de los que son **muchos y triviales.** Este principio afirma que en todo grupo de factores que contribuyen a un mismo efecto, unos pocos son responsables de la mayor parte de dicho efecto (pocos vitales), y la mayoría son la causa de la menor parte del efecto (muchos triviales). Así, el principio de Pareto ofrece una pauta para intervenir en las variables o factores de un problema de acuerdo con la repercusión que tiene cada una en este.

Según el principio de Pareto, el 20 % de las variables, los factores o las causas inciden de manera determinante en el 80 % de los efectos. Es decir, con cambiar unos pocos aspectos de un problema se debería solucionar casi en su totalidad.

La premisa de que el 80 % de las consecuencias dependen del 20 % de las variables es una aproximación teórica. Pero lo que viene a decir es que, detectando las causas reales y con mayor repercusión en un problema, será posible actuar mejor sobre él, procediendo principalmente en las que más influyen.

Como ejemplo, basándose en el registro de incidencias, si se categorizan por las causas que las producen, estas seguirán el principio de Pareto (o por lo menos se acercarán), con lo cual se podrán establecer prioridades según los causantes de la mayor parte de las incidencias detectadas.

Este principio se puede aplicar, adicionalmente, en situaciones que se den en escenarios de «no se cumple el principio de Pareto». Por ejemplo, cuando el 80 % de la facturación de

Figura 4.4. El principio de Pareto se aplica en los sistemas de organización de los almacenes.

la empresa recae en el 5 % del conjunto de clientes, esto indica que la situación no está bien equilibrada.

6   Campana de Gauss

Es una representación gráfica de la distribución normal de un grupo de datos. Estos se reparten en valores bajos, medios y altos, creando un gráfico de forma acampanada y simétrica con respecto a un determinado parámetro. El punto máximo de la curva corresponde a la media, y tiene dos puntos de inflexión a ambos lados (véase la figura 4.5).

Los datos que se pueden representar en este tipo de gráficos han de corresponderse a la naturaleza que permita su representación en dos ejes (X e Y).

Se puede utilizar esta herramienta para comparar, por ejemplo, las diferentes mediciones del tiempo necesario para

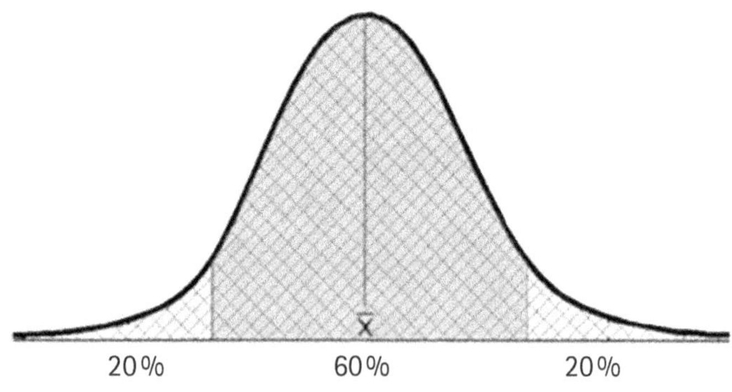

Figura 4.5. Ejemplo de campana de Gauss.

completar una cadena de transporte, desde que esta se inicia con la solicitud del servicio hasta que la mercancía llega a su destino, con todos los subprocesos implicados. En el eje X se marcarán los tiempos medios, y en eje Y el número de servicios que se han gestionado en ese rango de tiempo. De esta manera se puede identificar la homogeneidad de los procesos, ya que, tras descartar los extremos, la disposición de la campana y su geometría marcarán una alta disparidad (una curva llana) o una estandarización de tiempos (curva más acentuada).

La acción de descartar los extremos es un ejercicio muy interesante que ayuda a enfocar los esfuerzos hacia lo que esencialmente válido. Por ejemplo, en un análisis de satisfacción de los clientes habrá algunos que se muestren disconformes, y otros que, en la misma circunstancia, estén satisfechos.

7 Teoría de las restricciones y cuellos de botella

La teoría de las restricciones *(teory of constraints* o TOC) nació como solución a un problema de optimización de la producción, aunque se ha convertido en un concepto evolucionado que propone alternativas para integrar y mejorar todos los niveles de la empresa, incluyendo los procesos de gestión. Se basa en que toda empresa se ha constituido para lograr unos objetivos (metas).

Si la empresa tiene como meta gestionar servicios de transporte de manera eficiente, se debe estudiar si la no consecución del objetivo ha estado determinada por las restricciones que actúan sobre los procesos y las personas que los ejecutan. Las limitaciones del sistema determinan las posibilidades de alcanzar un horizonte más lejano al de los objetivos marcados.

Existen diferentes tipos de restricciones, como por ejemplo:

- **Restricciones físicas**

  Cuando la limitación se puede relacionar con un factor tangible de un proceso de producción o de prestación de un servicio. Se podrían considerar las horas disponibles de los recursos humanos como elementos productivos.

- **Restricciones de mercado**

  Cuando el impedimento está impuesto por la demanda de los servicios.

- **Restricciones políticas**

  Cuando la compañía ha adoptado prácticas, procedimientos, estímulos o formas de operación que son contrarios a su productividad o conducen (a veces inadvertidamente) a resultados contrarios a los deseados.

Una restricción habitual es el denominado «cuello de botella». Se designa de este modo a aquel recurso o proceso cuya capacidad disponible limita la capacidad total de la empresa. Así, cualquier recurso o proceso cuya capacidad sea menor que la demanda que se le aplica, se convierte en un cuello de botella, y provoca tiempos de espera en procesos posteriores.

Identificar los recursos o los procesos que actúan como restricciones en el sistema es una labor ardua y requiere tiempo de análisis de los procesos y de la operativa. A la hora de abordar este proceso, habitualmente el método más sencillo es estimar la demanda total y el tiempo que dedica cada recurso o proceso en el flujo de la gestión del servicio, y así identificar aquel que posee mayor carga de trabajo.

A la hora de enfocar los esfuerzos de mejora continua en los procesos de gestión del transporte, la teoría de las restricciones propone los siguientes pasos cuando se han de gestionar las limitaciones de un sistema (entre ellas, los cuellos de botella):

- **Identificar la restricción**

  Para saber qué elemento es el que provoca ese conflicto se pueden tener en cuenta parámetros como los siguientes:

  - La carga de trabajo de cada elemento.
  - El tiempo de que cada uno dispone para realizar la tarea.
  - Cuál es el elemento de la cadena con más inventario (expedientes) a procesar.

- **Decidir cómo explotar la restricción**

  Un error muy común es intentar detener aquello que está suponiendo una restricción. En su lugar, se debe saber cómo explotarlo para evitar que el flujo de servicios se detenga. ¿Cómo lograrlo? Si el sistema no es capaz de atender a toda la demanda, habrá que elegir cuáles son los que mayor beneficio aportan a la empresa.

- **Subordinar todo a la decisión anterior**
  Una vez se sepa qué se quiere hacer con la restricción, se debe convertir en el elemento que marque el ritmo del flujo de los procesos de gestión.

- **Elevar la restricción**
  En el caso de un cuello de botella, por ejemplo, aumentar su capacidad hará que la capacidad de todo el sistema se incremente. Para ello, se pueden realizar mejoras en los procesos para aumentar la eficiencia, dotándolos de mejores recursos tecnológicos o de más personal, entre otras posibilidades.

- **Empezar de nuevo una vez eliminada la restricción**
  Basándose en el concepto de mejora continua, el proceso no cesará al detectar y eliminar las restricciones que impiden la consecución de los objetivos marcados.

En el sector de la logística y el transporte hay restricciones que vienen marcadas por las limitaciones físicas u organizativas, que limitan el flujo administrativo y cuya resolución es compleja. Por ejemplo, si hay que esperar a que el transportista que realiza las recogidas de mercancía vuelva al almacén con toda la información y documentación para empezar a gestionar las rutas y los envíos, habrá que actuar sobre el proceso general para agilizar esta tarea. Se pueden incorporar dispositivos embarcados en el vehículo que alimenten el sistema en tiempo real, a medida que se van realizando las recogidas, pudiendo escanear la documentación con antelación a la llegada al almacén. Con ello se puede agilizar el proceso y eliminar un cuello de botella.

Capítulo 5

Mejorar

Entendiendo que se está involucrado en un proceso de mejora continua, esta no tendría sentido si no se establecen técnicas y métodos para hacer los procesos de gestión más eficaces y, en la medida de lo posible, más eficientes. A continuación, se analizarán varias de las técnicas de mejora de procesos que se utilizan en los métodos de mejora continua.

1   *Poka-yoke*

Es una herramienta procedente de Japón que significa «a prueba de errores». Lo que se busca con esta herramienta para diseñar los procesos es eliminar o evitar equivocaciones, ya sean del ámbito humano o de los sistemas automatizados. Este método se puede implantar también para facilitar la detección de errores.

Si nos centramos en las operaciones que se realizan durante el proceso de gestión del transporte, encontramos muchas actividades y tareas intermedias. Durante estas actividades, puede haber operaciones que suelen ser simples pero muy repetitivas. En estos casos, el riesgo de cometer algún error es

Figura 5.1. El sistema poka-yoke *asegura que se asigne el medio de transporte correcto de acuerdo a la mercancía que se ha de transportar*

muy elevado, independientemente de la complejidad de las operaciones. El *poka-yoke* ayuda a minimizar este riesgo con medidas sencillas y baratas.

El *poka-yoke* puede diseñarse como:

- **Función de control**
  Se diseña para impedir que el error se consume. Imposibilita continuar el proceso. Por ejemplo, impidiendo guardar y dar continuidad a una solicitud de servicio si algún dato necesario no ha sido cumplimentado.

- **Función de aviso**
  En este caso el error puede llegar a producirse, pero el dispositivo reacciona cuando va a tener lugar para

   TÉCNICAS DE MEJORA CONTINUA EN EL TRANSPORTE

advertir al usuario del riesgo. Es conveniente mostrar un aviso, aunque se permita que el sistema continúe el proceso.

La filosofía *poka-yoke* permite a un operador concentrarse en su trabajo sin la necesidad de poner una atención innecesaria en la prevención de errores.

Algunos ejemplos prácticos del uso de *poka-yoke* en la gestión del transporte son:

* Impedir el registro de un servicio sin indicar un dato necesario, como por ejemplo la condición de entrega (regla Incoterms).
* Impedir asignar un medio de transporte que no sea compatible con la carga que se ha de transportar, mediante el uso de reglas de compatibilidad.

Solución práctica

Existen numerosas herramientas para la aplicación de la filosofía *poka-yoke* en cualquier proceso, como permitir la aplicación de normas y restricciones en la introducción de registros, hacer que un campo tenga que ser elegido desde una tabla con valores y no ser un campo de texto libre, utilizar códigos de colores en la mayoría de pantallas, o condiciones definibles exigibles a la hora de cambiar de estado un expediente, entre otras.

- Prescindir de enviar a expedición un servicio que no dispone de todos los documentos necesarios, como la lista de contenido o la carta de porte, por ejemplo.
- Hacer que ciertos datos de un expediente (por ejemplo, la identificación de las mercancías) sean validados mediante la selección de ítems en una tabla u hoja de cálculo, en lugar de ser campos de texto libre.
- Avisar de la existencia de un registro en la base de datos de clientes de otro registro con el mismo número de identificación fiscal.
- Indicar, mediante códigos de colores, expedientes con datos faltantes.

2   Las 5 S

La herramienta 5 S se corresponde con la aplicación sistemática de los principios de orden y limpieza en el puesto de trabajo, y en su extensión informática. El acrónimo corresponde a las iniciales en japonés de las cinco palabras que definen la herramienta y cuya fonética empieza por S: *seiri, seiton, seiso, seiketsu* y *shitsuke* (véase la figura 5.2), que significan, respectivamente: seleccionar y eliminar lo innecesario, organizar, limpiar e inspeccionar, estandarizar y hacer seguimiento y crear hábito.

Es una técnica fácil de implantar, por su sencillez y efectividad. Además, es una técnica muy bien documentada y de la cual se puede encontrar numerosa bibliografía. Suele producir resultados tangibles y cuantificables, una atmósfera de

Figura 5.2. Diagrama de las 5 S.

trabajo agradable, con un gran componente visual y de alto impacto en un corto espacio de tiempo.

Su implantación tiene por objetivo evitar que se presenten los siguientes síntomas en la empresa que afectan decisivamente a la eficiencia de la misma:

- Apariencia descuidada del lugar de trabajo: recepción, mesas, archivo, etc.
- Desorden: expedientes y documentos por doquier, facturas por visar a la espera en cualquier lugar, etc.

- Elementos rotos: herramientas, mobiliario, ficheros, etc.
- Falta de instrucciones sencillas de operación.
- Número de incidencias más frecuentes de lo debido.
- Desinterés de los empleados por su área de trabajo.
- Movimientos y recorridos innecesarios de personas y documentos.
- Desaprovechamiento de recursos y falta de espacio en general.

La implantación de las 5 S sigue normalmente un proceso de varios pasos que implican la asignación de recursos, la adaptación a la cultura de la empresa y la consideración de aspectos humanos. El equipo de dirección de la empresa ha de estar convencido de que las 5 S suponen una inversión de

Figura 5.3. Para mantener el orden en el centro de trabajo es necesario eliminar lo innecesario, organizar, limpiar, estandarizar y crear hábito.

tiempo por parte de los operarios y la aparición de unas actividades que deberán mantenerse en el tiempo. Además, se debe preparar un material didáctico para explicar a cuantas personas participan en la empresa la importancia de las 5 S y los conceptos básicos de la metodología.

Para empezar la implantación de las 5 S, es conveniente escoger un área piloto y concentrase en ella, porque servirá como proceso de aprendizaje y punto de partida para el despliegue al resto de la empresa. Esta área piloto debe conocerse muy bien y ha de representar *a priori* una probabilidad elevada de éxito, de manera que permita obtener resultados significativos y rápidos.

Analizando cada una de las cinco fases de implantación de este método, podemos detallar las acciones que hay que realizar en cada una de ellas:

- **Seleccionar y eliminar lo innecesario**

  En el puesto de trabajo se debe mantener únicamente lo que se necesita, en la cantidad necesaria y solo cuando se necesita.

  Impedir los accesos informáticos a procesos que el usuario no requiera es una buena manera de trabajar esta fase, no tanto por criterios de seguridad en el acceso a la información, sino por simplificar las operaciones.

- **Organizar**

  Un lugar para cada cosa y cada cosa en su lugar. Una vez definidos los elementos o herramientas necesarios para el trabajo, deben ordenarse e identificarse de manera que sean de fácil acceso y uso. Esta medida es válida tanto para espacios como oficinas o almacenes como para los elementos que viajan en los vehículos de transporte.

- **Limpiar e inspeccionar**

  El área y el lugar de trabajo deben mantenerse limpios. Así, se integrará la limpieza como parte del trabajo diario, y se asumirá como una tarea de inspección necesaria. Al documentar las actividades de limpieza, los procedimientos han de incluir medidas preventivas que eviten la posibilidad de ensuciar.

- **Estandarizar**

  El proceso de estandarización sirve para establecer procedimientos que integren las actividades de las 5 S en el trabajo regular de las personas. El objetivo es asegurar el mantenimiento de la selección, la organización y la limpieza.

Existen herramientas informáticas de gestión para los administradores de sistemas que disponen de menús de acceso que permiten ajustar, dependiendo de las necesidades, el número de opciones disponibles y de procesos accesibles. Además, la generación de menús aplica, de manera automática, permisos de acceso a nodos no autorizados.

- **Hacer seguimiento y crear hábito**

  La finalidad es integrar la filosofía del método en el día a día. Este objetivo la convierte en la fase más fácil y en la más difícil a la vez. La más fácil porque consiste en aplicar regularmente las normas establecidas y mantener el estado de las cosas. La más difícil porque su aplicación depende del grado de asunción del espíritu de las 5 S a lo largo del proyecto de implantación.

3 Controles visuales

Los sistemas visuales hacen mucho más fácil determinar el camino correcto para hacer algo y para identificar excep-

Existen sistemas de información visual aplicables a muy diferentes ámbitos: hacer seguimiento de planes de producción en una industria, dar instrucciones para la preparación de pedidos en un almacén, o para la ordenación de la carga de vehículos en una plataforma de distribución, por ejemplo.

Para cualquier sistema de gestión corporativa (ERP), existen también herramientas para la aplicación de códigos de colores o para definir pestañas donde destacar la información de manera visual.

Figura 5.4. Establecer controles visuales permite encontrar con facilidad los documentos.

ciones. Tratar de buscar sistemas visuales para sustentar los cambios ayuda a controlarlos. No se trata de colorear ni de llenar de carteles el almacén, la oficina o los expedientes, se trata de establecer reglas visuales que ayuden a identificar las excepciones.

Por ejemplo, identificar un expediente de mercancía peligrosa mediante una carpeta de diferente color es un sistema que permite una localización rápida del mismo. Marcar con un identificador las facturas rechazadas o identificar con un símbolo los clientes que tienen superado el nivel de riesgo son otros ejemplos de controles visuales.

     TÉCNICAS DE MEJORA CONTINUA EN EL TRANSPORTE

En la fase de definición se deben de haber documentado los procesos y los flujos de trabajo. Una vez que se hayan lanzado los procedimientos de mejora de los mismos, es imprescindible actualizarlos y hacerlos visibles a las personas implicadas.

Un procedimiento de trabajo ha de plasmar la realidad, es decir, lo que se hace y cómo se hace. Un error habitual es indicar en los procedimientos el objetivo final. En cualquier proceso de auditoría, ha de poder comprobarse el cumplimiento de los procedimientos en el día a día de la empresa, y cualquier desviación se considera un fallo en el sistema. La estandarización comporta definir en detalle el trabajo durante el proceso y todos los factores que contribuyen a cómo debe ser hecho el trabajo, ya sea para prestar un servicio o para producir un objeto.

Los procesos estandarizados deben:

- **Reducir la variación** sobre grupos e individuos.
- Proveer el **saber cómo** *(know how)* para las personas que gestionan y supervisan el trabajo.
- Proveer las bases para **capacitar** a nuevas personas en los equipos de trabajo.
- Indicar el camino para **rastrear** los problemas.
- Proveer los medios para capturar y retener el **conocimiento.**
- Facilitar la **dirección** en caso de condiciones inusuales.

5   Capacitación y formación

El personal capacitado puede afrontar los cambios en la empresa y mejorar sus funciones y responsabilidades en beneficio de la misma. De esta manera, las funciones principales de la formación y capacitación son las siguientes:

- **Actualización del conocimiento** sobre los métodos y procedimientos establecidos por la empresa o promovidos por la propia evolución de las herramientas.

- **Adaptación permanente** a la evolución del mercado y a las técnicas que haya que gestionar en el puesto de trabajo. Esto implica la mejora de las competencias y cualificaciones indispensables para fortalecer la situación competitiva de la empresa.

- **Promoción social** que permita a los empleados evitar el estancamiento en su cualificación profesional y mejorar su situación personal.

El proceso de capacitación ha de ser continuado en el tiempo y no ha de centrarse únicamente en las primeras etapas formativas a la hora de incorporarse a un puesto de trabajo. Además, ha de estar orientada a la rentabilidad en sus dos versiones: de eficacia (logro de objetivos) y eficiencia (mínimo uso de recursos). Así, atendiendo a la eficacia, los programas de capacitación han de cumplir con las siguientes premisas:

*Figura 5.5. La formación continuada de los trabajadores
permite la eficacia y la eficiencia.*

- Han de ser útiles, centrados en las habilidades y actitudes.
- Han de ser prácticos, ofreciendo formación para su uso práctico.
- Han de ser óptimos, centrados en la mejora continua de la empresa y sus procesos.

Por su parte, desde la óptica de la eficiencia, la formación ha de capacitar para:

- Utilizar la metodología más adecuada para alcanzar cada objetivo.
- Rentabilizar cada uno de los recursos que se aplican a un proceso.

Asimismo, la formación en la empresa demanda unos requisitos mínimos para cumplir con su función primordial:

- Ha de estar integrada en la estrategia de la empresa.
- Ha de responder a los intereses de la empresa y de sus empleados.
- Ha de estar planificada y tener definidos unos objetivos.
- Ha de ser evaluada.

6 Gestión de los recursos humanos basada en el modelo de competencias

En el marco del proceso de mejora continua y vinculado al proceso de formación, se debe valorar la aplicación del modelo de gestión de recursos humanos basado en las competencias. Esta es una herramienta para mejorar la productividad y mantener un clima positivo en las relaciones personales de todas las personas implicadas en la actividad de la empresa. Los esfuerzos se dirigen a mejorar los niveles de productividad y competitividad mediante la promoción del conocimiento y de la capacidad de aprender del conjunto del equipo humano de la empresa. Se hace evidente así la tendencia a revalorizar el aporte de cada persona a la competitividad global de la empresa.

Una persona es competente en una tarea cuando tiene los conocimientos necesarios, sabe ponerlos en práctica, está dispuesta a hacerlo y obtiene en su realización un resultado adecuado. En este caso, y tomando como directriz que se está aplicando un sistema global de mejora continua, se entiende que los procedimientos y las herramientas de trabajo son los correctos para el buen desempeño de su trabajo.

El concepto de competencia es una combinación de tres aspectos o elementos (véase la figura 5.6):

- Las **habilidades** o *know how* requeridas para que una persona realice una actividad. Es decir, para que sea capaz de desempeñarla.
- El conjunto de **conocimientos** necesarios para el desarrollo de dicha actividad. Es decir, la persona sabe hacer aquello que implica la actividad.
- La **actitud.** Es decir, la persona quiere hacerlo.

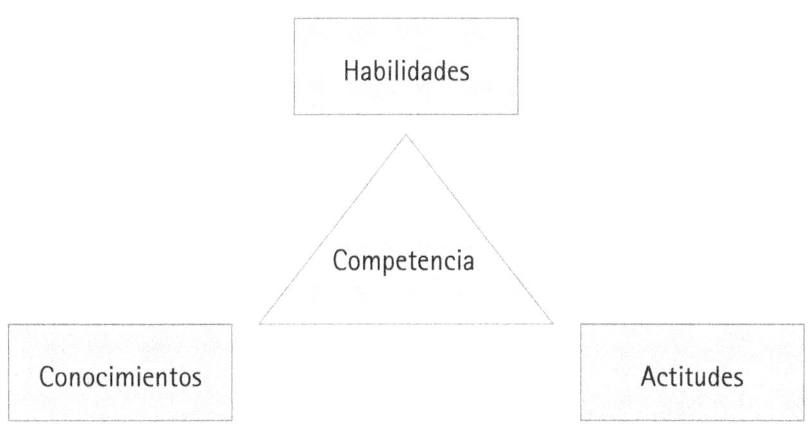

Figura 5.6. Diagrama de los aspectos que implica el concepto de competencia.

*Figura 5.7. Procurar el conocimiento y la formación ayuda
a mejorar los niveles de productividad.*

De esta manera, la identificación de las competencias necesarias y de los grados en que deben estar desarrolladas en cada proceso permitirá a la empresa:

- Aprovechar las competencias existentes.
- Optimizar el sistema, generar y desarrollar aquellas que no se poseen.
- Captar de manera externa aquellas que no se pueden desarrollar internamente.

Es interesante evaluar en cada puesto de trabajo los factores comentados. El resultado de esta evaluación servirá de orientación respecto a las medidas que haya que tomar:

     Técnicas de mejora continua en el transporte

- Si se obtiene una baja puntuación en el aspecto de **habilidad:** conviene realizar trabajos de entrenamiento, en el caso de que pueda mejorarse.
- Si se obtiene una baja puntuación en **conocimiento:** es recomendable hacer cursos de formación y capacitación, siguiendo las pautas comentadas en el apartado anterior.
- Si se obtiene una baja puntuación en **actitud:** quizá, la más compleja de encarar, exige poner en marcha herramientas de motivación y participación.

En el caso de que no sea posible abordar ningún proceso de mejora en los aspectos mencionados, habría que estudiar la posibilidad de reubicar a la persona implicada o modificar los procesos para adaptarlos a los recursos disponibles y su capacitación.

Capítulo 6
Controlar

Como fase final, es primordial implementar herramientas de control para realizar el seguimiento de las mejoras aplicadas y gestionar su correcta evolución. En este apartado se proponen varias herramientas para controlar y asegurar dichos parámetros.

1   Indicadores clave del rendimiento o KPI

Estos indicadores se conocen también por sus siglas en inglés, KPI *(key performance indicator)*, y se emplean para medir y valorar un determinado campo o factor en áreas de gestión como costos, inmovilizado, productividad, rentabilidad o control de gastos, entre otras. Se expresan en forma de ratio y han de facilitar datos específicos como, por ejemplo, las incidencias por mes respecto a la puntualidad de los vehículos en las recogidas o las entregas, o para evaluar el trabajo realizado por un equipo en un periodo de tiempo.

Es necesario elegir los KPI adecuadamente, según los objetivos de la empresa en cuestión. Una elección mala o incompleta puede proporcionar datos que no ayuden en la toma de decisiones, o que no detecten a tiempo un fallo sistemático en los procedimientos establecidos.

Hay ciertas claves útiles para definir los KPI de la empresa:

- Es recomendable que sean simples y concisos.
- Han de ser comparables entre periodos distintos.
- Hay que orientarlos al perfil de la persona o equipo que realizará su análisis.
- Es primordial marcar la cadencia del cálculo del mismo, sin caer en una excesiva medición ni en el olvido.

El conjunto de indicadores clave del rendimiento que hay que gestionar depende totalmente del objetivo de la organización, por lo que cada empresa debe gestiona sus propios KPI.

A continuación, se muestran ejemplos de KPI orientados al control de la gestión del transporte y la logística, además de otros de carácter general:

- Fichas de clientes y proveedores duplicadas.
- Número de servicios introducidos o gestionados por usuario y mes.
- Tiempo de espera medio de servicios según su tipología.
- Porcentaje de servicios pendientes de facturación sobre el total en curso.
- Media de incidencias por servicio realizado.
- En almacén, tipos de artículos no utilizados.

- Tasa de capacidad de transporte alcanzada.
- Medios de transporte (propios o externos) de alta sin uso en los últimos (establecer cantidad) meses.
- Tarifas sin revisar de una antigüedad menor o igual a un año.
- Ofertas remitidas por mes y año.
- Porcentaje de desviación media en previsiones.

Un indicador ha de proporcionar información y ser comprensible incluso cuando apenas se especifica su contexto.

Darle la vuelta al indicador puede resultar de ayuda. Por ejemplo, tomado como referencia el siguiente indicador:

- Número de movimientos/hora: 20.

Para saber si es un dato bueno o malo, se necesita conocer el contexto, el objetivo, o cualquier información con la cual se pueda comparar.

Solución práctica

Existen herramientas que facilitan el registro y la gestión de los KPI. Hay sistemas que suministran paquetes de más de 150 indicadores predefinidos que cada empresa puede adaptar a sus necesidades, además de agregar los suyos propios.

Si se le da una vuelta al indicador:

- Número de movimientos/hora que se dejan de hacer: 20 %.

De este modo, el indicador se focaliza en el problema: hay movimientos que se han dejado de hacer. Además, dimensiona el nivel de eficiencia. Es decir, un único indicador puede suministrar más información que otro, en función de los parámetros que se utilicen.

2   Cuadro de mando integral

Es una herramienta de administración de empresas que muestra un paquete de KPI seleccionados para que, de una manera sencilla y eficiente, el equipo de dirección tenga una perspectiva general y certera de la situación de los procesos de la empresa. Permite monitorizar, controlar y gestionar los procesos de una organización a través de herramientas visuales que establecen alertas con las que disponer de una visión completa.

Los cuadros de mando integral, con su capacidad de alerta, proporcionan una gran ventaja y muchos beneficios. Los indicadores de cumplimiento, evaluación, eficiencia y eficacia contenidos en ellos ofrecen una visión global de la empresa y su rendimiento, permitiendo comprobar, por ejemplo, si la actividad diaria está alineada con la estrategia corporativa, interpretar lo que está ocurriendo, saber si se deben tomar medidas de mejora o controlar la eficacia de las medidas tomadas (véase la figura 6.1).

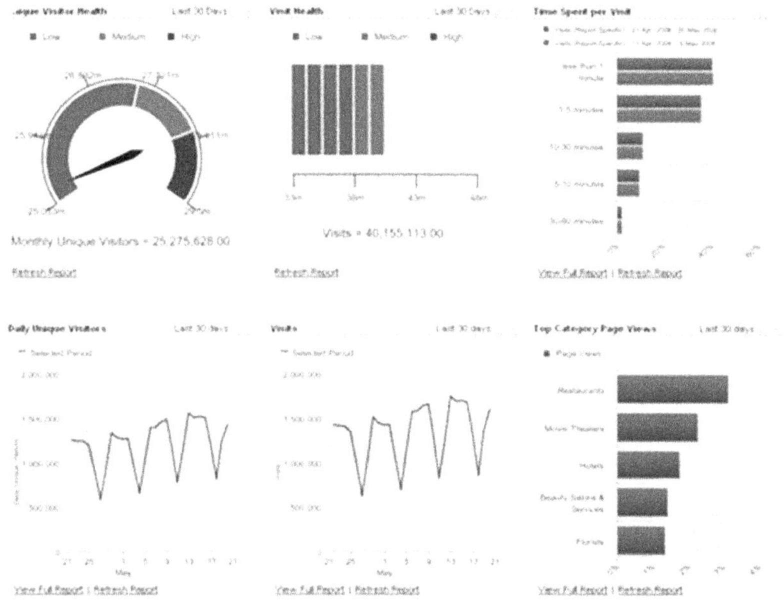

Figura 6.1. Ejemplos de cuadros de mando integral.

Según su función, los cuadros de mando integral se pueden clasificar en diferentes tipologías:

- **Cuadro de mando operacional**
  Ayuda en la ejecución de procesos y mide parámetros operativos. Está orientado a los responsables de los procesos.

- **Cuadro de mando táctico**
  Muestra información que ayuda a controlar procesos desde el punto de vista de la dirección. Se orienta a los directores de departamento.

- **Cuadro de mando estratégico**

  Es un cuadro de mando que interviene en la gestión del proceso para la consecución final de objetivos. Este nivel se orienta al equipo de dirección de la empresa.

Por otro lado, se establecen cuatro clasificaciones en función de su contenido:

- **Monitoreo de la actividad del negocio o *business activity monitoring* (BAM).** Los cuadros de mando que se engloban en esta clasificación muestran en tiempo real información de carácter operacional y táctico. Utilizan los KPI, están orientados a la monitorización, dan soporte a la toma de decisiones a muy corto plazo y no necesitan trazabilidad decisional.

- **Panel de control o *dashboarding*.** Estos cuadros, que también se conocen como tablas de desempeño, muestran información sin compararla con los objetivos propuestos. Es decir, con ellos únicamente se pueden visualizar los KPI.

- **Cuadro de mando integral o *scorecarding*.** Estos cuadros exponen información estratégica y están orientados a mostrar objetivos. Por lo tanto, además de ofrecer los indicadores KPI, permiten almacenar en el sistema de gestión corporativa (ERP) los KGI *(key goal indicator)*, que son indicadores de metas que informan de si un proceso TIC ha alcanzado sus requisitos de negocio.

- **Tarjetas de puntuación equilibrada o *balanced scorecard.*** Constituyen una metodología de gestión estratégica totalmente independiente, basada en representar en una estructura coherente la estrategia de negocio de la empresa. Ello se logra a través de objetivos claramente encadenados entre sí, medidos con los indicadores de desempeño, sujetos al logro de unos compromisos determinados (metas) y respaldados por un conjunto de iniciativas o proyectos. Una buena puntuación equilibrada debe *contar la historia de sus estrategias,* es decir, debe reflejar la estrategia del negocio. Con ello se quiere destacar que la puntuación equilibrada es más que una lista de indicadores de cualquier índole.

No obstante, hay una premisa que ha de cumplirse: los cuadros de mando son para consultarse y han de ser útiles. Muchas empresas elaboran cuadros de mando diseñados para que su consejo o equipo de dirección los evalúe cada mes o in-

Existen herramientas de gestión para la presentación de informes (o *reporting)* y programación asistida que permiten la generación de cuadros de mando desasistidos, que en unos plazos indicados son enviados a las personas interesadas. Esto simplifica la creación y distribución de informes.

cluso en periodos de tiempo superiores. Un cuadro de mando es una herramienta que hay que consultar de manera periódica, y que, si es posible, ha de ser visible de manera continua. Es habitual incorporar pantallas con los cuadros de mando a la vista, para hacer partícipes a los equipos de trabajo de la situación actual de los procesos.

Un cuadro de mando con más de diez indicadores pierde su esencia. De un vistazo, se ha de poder tener una visión global de la situación.

3   Acuerdo de nivel de servicio *(service level agreement o SLA)*

Se trata de un protocolo que se plasma normalmente en un documento de carácter legal, por el que una compañía que presta un servicio a otra se compromete a prestarlo bajo unas condiciones determinadas y con unas prestaciones mínimas. Así, un SLA tratará de mantener y de garantizar la calidad de un servicio brindado a un cliente.

La aplicación de protocolos de mejora en los procesos de la empresa permitirá realizar protocolos SLA con los clientes, lo que aporta un valor añadido respecto a la competencia de otras empresas en el mercado.

Teniendo en cuenta que el SLA comporta el cumplimiento de los compromisos de servicio, ha de ser posible medir y demostrar ante la parte implicada su grado de cumplimiento. En un SLA se pueden establecer tantos indicadores como se estime necesario.

A la hora de definir un SLA, hay que tener en cuenta las siguientes consideraciones:

- **Necesidades y limitaciones** de las partes implicadas.
- **Alcances y exclusiones** de los servicios que se prestan.
- **Responsabilidades** y limitaciones legales.
- **Involucración** de todas las partes en la definición y fijación de los parámetros.
- Los elementos constitutivos deben ser **mesurables,** específicos, alcanzables y de interpretación y evaluación objetiva.
- Cuanto **mayor sea el detalle**, habrá menos controversias y expectativas no satisfechas.
- Establecer las **acciones que hay que tomar** cuando los resultados caen por debajo de los objetivos definidos.
- Los datos que componen las métricas deben ser obtenibles, no modificables, **entendibles y con objetivos claramente definidos e íntegros**.
- Los datos deben ser: significativos, que reflejan lo que se intenta medir; precisos, numéricamente correctos; seguros, sin posibilidad de manipulación o engaño; y representativos, que dan cuenta del volumen de transacciones.

El ciclo de vida de un SLA debe incluir un programa de revisiones periódicas, donde se analicen los objetivos alcanzados frente a los propuestos.

Las Recomendaciones AECOC para la Logística (RAL) sobre indicadores de nivel de servicios establecen un conjunto de baremos comunes entre proveedores y distribuidores, con el objetivo de medir el nivel de servicio en las principales áreas relacionadas con la logística.

En las RAL se definen los siguientes indicadores:

- **Entregas a tiempo.** Mide el nivel de cumplimiento del compromiso de la fecha y hora de entrega acordadas entre la empresa proveedora y la distribuidora.
- **Entregas completas.** Permite conocer el cumplimiento en las entregas de las cantidades pedidas por la empresa distribuidora a la proveedora.
- **Calidad en la entrega y recepción.** Permite conocer las incidencias que se producen en el momento de la entrega y en el de la recepción.

Figura 6.2. El acuerdo de nivel de servicio aporta un valor añadido garantizando la calidad del servicio al cliente.

- **Tiempo de carga o descarga.** Determina el nivel de cumplimiento del compromiso de los tiempos de carga o descarga.

Otros indicadores logísticos, en el caso de utilizar almacenes o centros de distribución, pueden ser:

- **Tiempo de puesta a disposición de la mercancía recibida (TD).** Se mide en porcentaje de líneas de albarán de entrada puestas a disposición en un plazo inferior a las seis horas posteriores a su llegada al almacén.
- **Exactitud en el registro del inventario o *inventory record accuracy* (IRA).** Se mide en porcentaje de ubicaciones correctas sobre el total de ubicaciones ocupadas.
- **Exactitud en el registro de la** órden **u *order record accuracy* (ORA).** Se mide en líneas de albarán correctas sobre el total de líneas de albarán.
- **Pedidos preparados en plazo (PP).** Se expresa como porcentaje del número de albaranes preparados en el plazo especificado sobre el número total de albaranes.

El SLA ha de definir, además de los indicadores, las condiciones de trabajo conjunto para la consecución de las mismas. Por ejemplo, el requerimiento del uso de interfaces de comunicación EDI, de indicar cierta información en la solicitud de servicio (como peso de la mercancía, horarios de recogida o entrega, etc.), o la responsabilidad ante un rechazo del producto entregado en destino, entre otros.

Capítulo 7

Conclusión

La implementación de las técnicas de mejora continua es un proceso vivo, que ha de acompañar a la empresa durante toda su vida. Hay que tener en cuenta que la mayoría de los factores que influyen en la empresa son variables en el tiempo, como por ejemplo:

- El mercado.
- Los clientes y proveedores.
- El equipo humano.
- Los procesos.
- Las leyes.
- La tecnología.

Por todo ello, es primordial incorporar el concepto de **mejora continua** en el núcleo de la empresa y tratarlo como un elemento estratégico de la misma. Es importante para todo el proceso acompañarse de personas que compartan esta visión.

Glosario

5 S

Conjunto de principios de orden y limpieza en el lugar de trabajo. Las 5S son las iniciales de cinco palabras japonesas que designan a las fases de la metodología:
- *Seiri*. Organización.
- *Seiton*. Orden.
- *Seiso*. Limpieza.
- *Seiketsu*. Control visual.
- *Shitsuke*. Disciplina y hábito.

autoevaluación

Procedimiento que relaciona el rendimiento de la gestión de la calidad y el proceso de mejora continua a partir del análisis de los puntos fuertes y débiles de la propia empresa, con un modelo de referencia.

automatización de procesos

Ejecución automática de procesos, sin intervención humana.

campana de Gauss

Representación gráfica en forma de campana de la distribución de un grupo de datos.

capacidad requerida

Indica la capacidad que posee un sistema o un conjunto de recursos necesarios para la fabricación de un producto o la prestación de un servicio en un determinado período de tiempo.

comparación de procedimientos

Técnica de mejora de la calidad consistente en aprender de las mejores experiencias en el desarrollo de procesos, basada en identificar una organización que posea la mejor de las mejores prácticas y compararse con ella con la finalidad de aprender de la misma, incorporarlas a otros modelos de actividad y mejorar su rendimiento.

control visual
Sistema que permite conocer la situación de algo simplemente con mirarlo.

cuadro de mando integral
Herramienta de gestión que tiene por objeto medir las actividades de una organización en términos de su visión y su plan estratégico. Incluye un conjunto de cuadros con indicadores, personalizados a muchos niveles de la organización, que permiten canalizar iniciativas y comunicar cuáles son las prioridades marcadas por la estrategia y en qué medida se producen desviaciones respecto de los objetivos marcados. Los indicadores miden cuatro áreas: finanzas, servicio al cliente, procesos internos y crecimiento de la organización.

cuello de botella
Se denomina así a cualquier punto de un proceso industrial que dificulte la rapidez o fluidez en la circulación de un producto o en el flujo logístico de un sistema.

despilfarro
Conjunto de elementos que lastran a la empresa y la hacen incapaz de competir en el mercado.

diagrama de flujo
Representación gráfica de las diferentes etapas de un proceso.

diagrama de Ishikawa
Representación gráfica de los efectos (una situación o un problema que se analice) junto a las causas potenciales del mismo (las razones para que se dé una situación). A su vez, las causas por afinidad pueden agruparse en ramas que representan categorías de causas.

sistema de gestión corporativa o ERP *(enterprise resource planning)*
Sistema que mediante paquetes informáticos modulares permite gestionar los procesos de una organización a través de toda su estructura, incluida la fabricación y sus asociados.

estandarización
Unificación de un proceso, para que haya una única manera de hacer las cosas.

flujo logístico
Proceso de movimiento (transporte) y transformación (pro-

ducción) a que son sometidas las materias primas en el marco de una organización, desde la fase de aprovisionamiento (compras) hasta la entrega de productos y prestación de servicios al usuario final (distribución física). En este proceso, los productos pueden estar sometidos a períodos de almacenamiento como materia prima, producto semielaborado y producto final.

gestión transversal

Modelo de gestión con equipos de trabajo especializados en procesos, desglosando estos en tareas funcionales que puedan ser asignadas de manera individual.

incidencia

Alteración del proceso de gestión que no estaba prevista y que puede generar una disminución en la calidad del producto o servicio.

know how

Conjunto de conocimientos que son imprescindibles para llevar a cabo un proceso.

indicador clave de rendimiento o KPI *(key performance indicator)*

Se emplea para medir y valorar un determinado campo o factor en áreas de gestión. Se expresa en forma de ratio y ha de facilitar datos específicos como, por ejemplo, las incidencias por mes respecto a la protección del medio ambiente o la prevención de riesgos laborales, o para evaluar el trabajo realizado por un equipo en un periodo de tiempo. Los KPI de una empresa facilitan estudiar alternativas y acciones correctoras cuando se producen desviaciones respecto de la planificación.

mapa de procesos

Representación gráfica del funcionamiento y el desempeño de los procesos y las actividades de la empresa, prestando una atención especial a aquellos aspectos clave de los mismos.

medidas de productividad

Medidas y procedimientos que tienen como objetivo evaluar el grado de eficiencia de los procesos logísticos prestados de acuerdo con los requisitos de los clientes.

modelo de competencias
Herramienta para mejorar la productividad y mantener un clima positivo en las relaciones personales de todas las personas implicadas en la actividad de la empresa.

muestreo de trabajo
Técnica estadística de medición de tiempos por muestreo aleatorio de los procesos operativos.

nivel de calidad
Conjunto ponderado de determinados criterios de calidad, evaluable mediante un análisis cualitativo.

nivel de servicio
Medida de la capacidad de disponer de los productos en existencia necesarios o de los recursos para prestar un servicio cuando hay demanda de los mismos, dentro del margen de tiempo acordado con el cliente.

periodo de espera
Espacios en blanco entre los procesos de gestión.

poka-yoke
Nombre que, en japonés, recibe la técnica de prevención de errores en actividades de fabricación o preparación de maquinaria que puedan ocasionar defectos en la producción. Detiene automáticamente el proceso de producción si se origina un error y facilita que las maniobras de la maquinaria puedan llevarlas a cabo personal con formación básica.

principio de Pareto
Principio que afirma que en todo grupo de factores que contribuyen a un mismo efecto, unos pocos son responsables de la mayor parte de dicho efecto (pocos vitales), y la mayoría son la causa de la menor parte del efecto (muchos triviales).

proceso auxiliar
Conjunto de acciones que complementan a las consideradas troncales, y que conforman el ecosistema que las rodea. Es el equivalente a la mano de obra indirecta.

proceso de mejora
Conjunto de acciones para modificar la manera de trabajar y hacerla más eficiente y fiable.

proceso logístico

Proceso de planificación, gestión y control de los flujos de materiales y productos, informaciones y servicios relacionados con dicho proceso. Distingue los subprocesos u operaciones de aprovisionamiento de materias primas o de los materiales; fabricación o transformación de productos y distribución de los mismos, e incluye los movimientos internos y externos, así como las operaciones de importación y exportación.

proceso troncal

Conjunto de acciones vitales necesarias para la fabricación de un producto o la prestación del servicio. Es el equivalente a la mano de obra directa.

recurso

Elemento físico o inmaterial que añade valor a un producto o servicio en su proceso de creación, producción, distribución y uso o consumo.

riesgo

Posible ocurrencia de un acontecimiento que produzca un daño o siniestro y genere una subsiguiente necesidad de recursos, económicos, tecnológicos o de otra índole, para repararlo o reducir sus efectos.

rol

Clasificación para los distintos privilegios de operación de las personas o los equipos que participan en un proceso.

acuerdo de nivel de servicio o SLA *(service level agreement)*

Protocolo por el que una compañía que presta un servicio a otra se compromete a prestarlo bajo unas condiciones determinadas y con unas prestaciones mínimas acordadas.

snapshot

Observacion instantánea.

tendencia

Desarrollo o patrón de comportamiento que sigue el valor de un indicador de gestión en el curso del tiempo o en un periodo determinado.

Tiempo de espera o *lead time*

Tiempo medio que transcurre desde que un registro entra en el sistema hasta que finaliza su proceso.

Ritmo o cadencia a la que hay que procesar los servicios para atender a la demanda en el tiempo establecido.

Capacidad para hacer un seguimiento de la historia, aplicación o localización de cuanto esté bajo consideración, sea un producto, un proceso, un organismo o una persona. Al considerar un producto o mercancía, la trazabilidad se relaciona con el origen de los materiales y las partes, el proceso que siguen a lo largo de la cadena de suministro, y la distribución y localización del producto después de su entrega. La trazabilidad asocia un flujo de información a un flujo físico de mercancías, de manera que se pueda relacionar en un momento dado la información requerida relativa a los lotes o grupos de productos determinados.

Incremento del valor que experimenta un producto o servicio en el proceso de producción, distribución o prestación. Se expresa como la diferencia entre el valor de bien producido o servicio prestado y el coste del conjunto de los factores de producción que se hayan utilizado para producirlo o prestarlo.

Colección: Gestiona
Director: David Soler

Técnicas de mejora continua en el transporte
1.ª edición, 2017
© Lander Tolosa Otamendi
© de esta edición, incluido el diseño de la cubierta, ICG Marge, SL
© fotografía de la cubierta: Shutterstock, totallypic

Edita: Marge Books
Avda. Alcalde Moix, 28 - 08207 Sabadell (Barcelona)
Tel. 931 429 486 - marge@margebooks.com
www.margebooks.com

Gestión editorial: Hèctor Soler
Edición: Alba Megías, Cristina Torres
Compaginación: Mercedes Lara
Impresión: Safekat, SL (Madrid)

ISBN: 978-84-16171-74-3
Depósito Legal: B 7957-2017

El papel empleado en este libro no ha sido blanqueado con cloro elemental (Cl_2).

**Lean Six Sigma Yellow Belt.
Manual de certificación**
Lean Six Sigma Institute

**Cómo participar en ferias
comerciales**
Cristina Peña Andrés

**Manual del comercio
electrónico**
*Eva María Hernández Ramos,
Luis Carlos Hernández Barrueco*

**Manual de estrategia
de operaciones**
Ángel Caja Corral

**Cerebro, inteligencias
y mapas mentales**
*Zoraida G. de Montes,
Laura Montes G.*

**La Industria 4.0
en la sociedad digital**
*Antoni Garrell Guiu,
Llorenç Guilera Agüera*

**Manual de transporte para
el comercio internacional**
Cristina Peña Andrés

**Manual de prevención
de riesgos laborales**
Blas Gómez

Anatomía de la creatividad
Llorenç Guilera Agüera

Lean Six Sigma. Sistema de gestión para liderar empresas
Luis Socconini, Carlo Reato

Lean Company. Más allá de la manufactura
Luis Socconini

Manual de uso de las reglas Incoterms 2020
Alfonso Cabrera Cánovas

Lean Energy 4.0. Guía de Implementación
Luis Socconini, Juan Pablo Martín

Lean Manufacturing. Paso a paso
Luis Socconini

Lean Services. Certification Manual
Luis Socconini

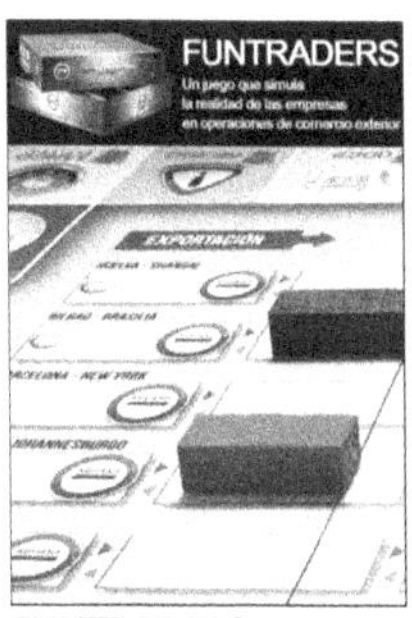

FUNTRADERS Un juego para aprender comercio internacional

Manual de gestión aduanera. Normativas y procedimientos clave del comercio internacional
Pedro Coll

Técnicas para ahorrar costos logísticos. Aurum 2
Luis Carlos Hernández Barrueco

València, 558 – 08026 Barcelona – Tel. +34-931 429 486 – marge@margebooks.com – www.margebooks.com